NOTICES BIOGRAPHIQUES

SUR PLUSIEURS MEMBRES DE LA FAMILLE

AUBERT DE SAINT-GEORGES

DU PETIT-THOUARS,

DESTINÉES

A LEURS PARENS ET A LEURS AMIS.

N. B. Tout ce qui va être dit est puisé dans des documens authentiques ou dans la notoriété publique. L'auteur de cette collection biographique n'avait donc à faire que des extraits, et seulement quelques notes à rédiger lui-même.

NOTICES BIOGRAPHIQUES

SUR

PLUSIEURS MEMBRES DE LA FAMILLE

AUBERT DE SAINT-GEORGES

DU PETIT-THOUARS,

DESTINÉES

A LEURS PARENS ET A LEURS AMIS.

PARIS,

IMPRIMERIE DE H. FOURNIER,

RUE DE SEINE, Nº 14 ·BIS.

1834.

TABLE.

I.

Georges AUBERT-DE-SAINT-GEORGES

DU PETIT-THOUARS.

Extrait
de M. d'Hozier.

D'ANCIENNE famille originaire du Poitou, établie ensuite en Touraine, naquit en 1591 sur la paroisse Saint-Sulpice-le-Verdon. Il acheta, le 12 juillet 1636, la terre du Petit-Thouars, près Chinon, au confluent de la Vienne et de la Loire. Il en prit le nom, que tous ses descendans ont porté depuis.

Il s'attacha au service de l'empereur d'Allemagne, pendant les premières années de sa vie. Il en eut les certificats les plus honorables.

Dans l'un, il est dit, après la réforme du régiment de Dosnau, cavalerie, où il était capitaine, *qu'il y avait servi comme un fidèle noble et véritable homme de guerre.*

Dans un autre: *qu'il s'était vaillamment comporté comme un noble soldat et homme de guerre, et qu'il avait répandu son sang pour le très-haut service de sa Majesté impériale, aussi souvent que l'occasion l'avait demandé.*

Dans un autre encore, il y est qualifié : *Nobilem et generosum capitaneum S. Georgii.*

En 1634, il rentra en France, sa patrie, et offrit ses services au roi et au cardinal de Richelieu, qui les acceptèrent, et qui le chargèrent de plusieurs missions diplomatiques en Allemagne, où il fit divers voyages pour exécuter les ordres de Louis XIII.

Il fut notamment envoyé en Suisse par ordre du roi, en date du 18 juillet 1635, pour y traiter avec le baron de Konig, sur des articles du traité de paix, qui furent envoyés de Chantilly à ce diplomate. Il s'acquitta avec succès de sa mission. Pour l'en récompenser, le roi le nomma, le 25 mars 1644, à une place d'exempt de ses gardes.

Il mourut en 1648, à l'âge de cinquante-un ans, des suites d'un coup qu'il reçut dans l'estomac, en faisant faire place au roi, auprès de qui il était de service, et qui assistait à une procession de Saint-Severin. Le roi venait de le nommer à un gouvernement.

II.

Louis Aubert DU PETIT-THOUARS,

FILS DU PRÉCÉDENT.

Fut tué, en 1666, dans les armées du roi, étant à son service en qualité d'enseigne dans la colonelle du régiment de Picardie. Extrait de M. d'Hozier.

Son frère George Aubert du Petit-Thouars continue la descendance.

<hr>

III.

Jacques-Aubert DU PETIT-THOUARS.

Extrait
de M. d'Hozier. Connu sous le nom du chevalier de Rassay, naquit le 29 novembre 1732; a fait en Allemagne, en
qualité de capitaine dans le régiment de Vaube-
court, les campagnes depuis celle de 1756 jusqu'à
la paix de 63.

C'est Fouquier-Tainville qui va achever l'article
biographique du meilleur et du plus malheureux
des hommes.

JUGEMENT DU TRIBUNAL RÉVOLUTIONNAIRE
du 15 frimaire an II,

OU COMME L'A INTITULÉ SA FILLE SUR L'EXEMPLAIRE QU'ELLE EN A CONSERVÉ :

EXTRAIT MORTUAIRE DE MON PÈRE.

<hr>

« AU NOM DU PEUPLE FRANÇAIS,

« Le tribunal révolutionnaire a rendu le jugement
suivant :

« Vu par le tribunal l'acte d'accusation, dressé par

l'accusateur public, par icelui, contre Jacques-Auguste-Aubert Rassay, âgé de 69 ans, ci-devant
maréchal-de-camp, natif de Paris, demeurant à Versailles, département de Seine-et-Oise, et dont la te-
neur suit :

« Antoine Quentin Fouquier, accusateur public du
tribunal révolutionnaire, établi par la loi du 10
mars 1793, l'an II de la république, sans aucun
recours au tribunal de cassation, en vertu des pouvoirs à lui donnés par l'art. 11 d'un autre décret de
la Convention, du 5 avril suivant, portant : « que
« l'accusateur public dudit tribunal est autorisé à
« faire arrêter, poursuivre et juger sur la dénoncia-
« tion des autorités constituées ou des citoyens. »

« Expose que le 11 brumaire dernier, Jacques-
Auguste-Aubert Rassay, ci-devant maréchal-de-
camp, demeurant à Versailles, a été dénoncé
au comité de surveillance du district du même nom,
comme ayant tenu des propos inciviques, étant en
liaison avec des aristocrates, avec lesquels il tenait
des conciliabules, et entretenait des correspondances
avec les ennemis de la république ; que le 21 du
même mois, perquisition a été faite dans les papiers
dudit Rassay, parmi lesquels il s'est trouvé plusieurs
lettres et écrits contre-révolutionnaires, lesquels ont
été joints aux pièces ; que le premier jour frimaire,
présent mois, les membres composant ledit comité
de surveillance de Versailles, ont adressé à la gen-

darmerie une réquisition, à l'effet de transférer ledit Rassay à Paris, et remettre les pièces à l'accusateur public, ce qui a été exécuté; que sur le vu desdites pièces, l'accusateur public a décerné un mandat d'arrêt contre ledit Rassay, en vertu duquel il a été conduit dans la maison d'arrêt, dite de la Conciergerie du palais, à Paris, et a subi interrogatoire par-devant l'un des juges du tribunal.

« Qu'examen fait par l'accusateur public de toutes lesdites pièces, il en résulte que, depuis l'époque de la révolution, ledit Rassay a manifesté les sentimens les plus inciviques; qu'il n'a jamais fréquenté que des personnes notoirement connues pour aristocrates, avec lesquelles il tenait chez lui des conciliabules et conversations contre-révolutionnaires, ainsi qu'il résulte de différentes lettres trouvées chez lui, lors de la perquisition qui y a été faite : 1° de celle, datée de Petit-Thouars, le 1er décembre 1790, cotée 7, à laquelle il paraît avoir répondu le 12 du même mois, et qu'il dit être d'un de ses parens, nommé Petit-Thouars, dans laquelle on lui dit : « Je n'ose pourtant pas encore quitter le service, il « faut voir ce qu'il va devenir; je crois qu'actuelle- « ment on travaille fortement le militaire. Tous mes « désirs sont pour achever non-seulement cette par- « tie-là, mais toutes autres; je n'examinerai pas le « système auquel on veut asservir; tel qu'il soit, je « crains qu'on n'ait pas le temps de l'achever, car la

« chose publique périclite furieusement. Ce qui m'a-
« larme le plus, c'est le papier-monnaie; s'il passe,
« c'est le coup de grace qu'on donne à la France;
« c'est pis qu'une banqueroute directe. Regardez-
« vous Versailles comme perdu? croyez-vous que le
« roi y revienne jamais? Comme il est déchu! Vous
« rappelez-vous que cet été je vous ai prédit que
« tout était perdu; je voudrais bien n'avoir pas de-
« viné si juste, etc. »

« 2° D'une autre lettre, datée du 17 mars, sans
signature, cotée n° 34, que ledit Rassay a déclaré
lui avoir été adressée par un de ses parens, nommé
Petit-Thouars, de Saumur, qui établit que les lettres
que ledit Rassay écrivait à son parent étaient ren-
dues publiques, tant dans la ville de Saumur que
dans les environs. On lui dit dans cette lettre : « Vo-
« tre lettre du 14, cher cousin, promise, était avide-
« ment attendue. L'avidité de mes concitoyens pour
« vos lettres, qui sont infiniment goûtées, est si
« grande que j'en ai fait sur-le-champ deux copies
« qui circulent dans la ville, et qui sont dans les en-
« virons.

« Vous présentez les choses d'un si bon ton, et
« si capable de donner l'amour et la confiance dans
« le souverain et dans tous ceux qui le secondent,
« que vous ranimez le courage abattu par le premier
« aspect de l'état de nos finances. Continuez-nous,
« cher cousin, la faveur d'une correspondance si pré-

« cieuse; vous ne sauriez croire combien de gens y
« participent, parce qu'on prend copie de mes co-
« pies, etc. »

« 3° De quatre autres lettres, adressées audit Rassay : la première, datée de Paris, du 31 août 1792,
signée Bonnemer, cotée n° 20; la seconde, datée de
Toul, le 20 dudit mois, signée Pallas, chanoine de
Toul, cotée n° 21 ; la troisième, datée de Valence,
le 20 dudit mois, signée Sucq, côtée n° 30; et la
quatrième, datée de Caen, le 18 du même mois,
signée Harel, côtée n° 36; lesquelles quatre lettres
paraissent avoir été écrites en réponse à celles pré-
cédemment écrites par ledit Rassay, par lesquelles
il annonçait la mort de Pallas, huissier de la chambre du tyran, tué à la journée du 10 août 1792, et il
paraît, par les réponses à ces lettres, qu'il avait écrit
que Pallas était mort martyr pour la foi et pour
son attachement à la personne du roi; car on lit
dans la lettre écrite, cotée 21 : « Il est mort au lit
« d'honneur, voilà pour le temps; mais bien plus, il
« est mort martyr pour la foi, voilà pour l'éter-
nité, etc. »

« 4° D'un écrit fait de la main dudit Rassay,
intitulé : Prédiction extraite de la correspondance,
n° 77, 24 juillet 1792, qui annonce la contre-révolution, et de quelle manière elle sera opérée.

« 5° Enfin, de plusieurs autres écrits et lettres
fanatiques et contre-révolutionnaires.

« Qu'il a encore été trouvé, lors de la perquisition faite chez ledit Rassay, différentes brochures et imprimés contre-révolutionnaires et fanatiques, qui sont : 1° le testament de Louis XVI; 2° la mort de Louis XVI, tragédie ; les Régicides, ou le bonheur promis; 4° le Royalisme français, dédié aux laboureurs, aux artisans, aux soldats du service de terre et de mer; 5° un recueil d'adresses, présentées au traître Lafayette; 6° l'almanach des honnêtes gens; 7° un recueil de romances et complaintes sur le tyran; 8° un imprimé ayant pour titre, *Effusion de cœur*, adressé au roi et à sa femme; 9° un autre, intitulé : *Français, ton roi n'est plus, et ses assassins vivent encore!* 10° un autre intitulé: *de la Noblesse;* 11° et enfin, un autre imprimé fanatique, ayant pour titre : *Amende honorable à Jésus-Christ.*

« Que les correspondances et écrits trouvés chez ledit Rassay établissent évidemment les principes dudit Rassay sur la révolution, et quels étaient ses projets contre-révolutionnaires.

« D'après l'exposé ci-dessus, l'accusateur public a dressé la présente accusation contre Jacques-Auguste-Aubert Rassay, pour avoir méchamment et à dessein, par ses écrits et correspondances, provoqué la dissolution de la représentation nationale et le rétablissement de la royauté en France; comme aussi, pour avoir rassemblé chez lui, en conciliabules, des personnes notoirement connues pour aristocrates, et dans lesquels conciliabules on y traitait les projets de contre-révolution.

« En conséquence, l'accusateur public requiert qu'il lui soit donné acte de la présente accusation ; qu'il soit ordonné qu'à sa diligence, et par un huissier du tribunal, porteur de l'ordonnance à intervenir, ledit Rassay sera pris au corps, arrêté et écroué sur les registres de la maison d'arrêt, dite de la Conciergerie du palais, à Paris, où il est actuellement détenu, pour y rester comme en maison de justice ; comme aussi, que ladite ordonnance à intervenir sera notifiée à la municipalité de Paris, à celle de Versailles et audit Rassay.

« Fait au cabinet de l'accusateur public, le 15 frimaire, l'an 2 de la république française, une et indivisible.

« *Signé*, A. Q. FOUQUIER. »

« L'ordonnance de prise de corps, rendue par le tribunal, ledit jour 13 frimaire, contre ledit Rassay, le procès-verbal d'écrou et remise de sa personne en la maison de justice de la Conciergerie, du même jour, la déclaration du jury de jugement, faite individuellement à haute et intelligible voix, à l'audience publique du tribunal, portant : « qu'il est constant qu'il a été entretenu des correspondances tendantes à provoquer la dissolution de la représentation nationale et le rétablissement de la royauté en France; »

« Que Jacques-Auguste-Aubert Rassay, ci-devant noble et maréchal-de-camp, a entretenu lesdites correspondances.

« Le tribunal, après avoir entendu l'accusateur public sur l'application de la loi, condamne Jacques-Auguste-Aubert Rassay à la peine de mort, conformément à l'article unique de la loi du 4 décembre dernier, dont il a été fait lecture, lequel est ainsi conçu :

« La convention nationale décrète que quiconque proposerait ou tenterait de rétablir en France la royauté ou tous autres pouvoirs attentatoires à la souveraineté du peuple, sous quelque dénomination que ce soit, sera puni de mort;

« Déclare les biens dudit Rassay, acquis à la république, conformément à l'art. 11 du titre 2 de la loi du 10 mars dernier, dont il a aussi été fait lecture;

« Ordonne qu'à la diligence de l'accusateur public, le présent jugement sera mis à exécution, dans les 24 heures, sur la place de la Révolution de cette ville, imprimé, publié et affiché dans toute l'étendue de la république.

« Fait et prononcé à l'audience publique du tribunal, le 15 frimaire, l'an deuxième de la république française, une et indivisible, où étaient présens les citoyens Pierre-André Coffinhal, Gabriel de Liège, Charles Hardy et Pierre-Louis Ragmey, juges, qui ont signé la minute du présent jugement.

« AU NOM DU PEUPLE FRANÇAIS,

« Il est ordonné à tous huissiers sur ce requis, de faire mettre le présent jugement à exécution, et aux commandans et officiers de la force publique d'y prêter main-forte lorsqu'ils en seront légalement requis, et aux commissaires du pouvoir exécutif d'y tenir la main. En foi de quoi, le présent jugement a été signé par le président du tribunal et par le greffier.

« *Signé*, HERMAN, président;

« N.-J. FABRICIUS, greffier.

« Certifié conforme, et délivré gratis par moi dépositaire, archiviste adjoint.

« *Soussigné*, TAVERNIER. »

On a cru devoir copier ici en entier ce jugement, comme monument historique d'un temps qu'il faut bien faire connaître aux générations nouvelles.

IV.

Henry-Georges AUBERT DU PETIT-THOUARS.

ARRIÈRE-PETIT-FILS du capitaine Aubert de Saint-Georges, naquit le 8 octobre 1724; a fait toutes les campagnes du temps, notamment sous le maréchal de Broglie, comme son aide-de-camp.

En considération de ses services, le roi le nomma, jeune encore, le 1er janvier 1754, *lieutenant de roi et commandant pour lui, dans les villes, châteaux, et pays saumurois.* Il succédait dans cette place à son père, né le 23 juin 1677, et qui se retira dans sa terre, obligé d'abandonner toute activité de service, couvert qu'il était de blessures, reçues dans les nombreux sièges et batailles auxquels il avait assisté depuis 1691 jusqu'en 1726, blessures dont plusieurs ne furent jamais parfaitement guéries. En 1788, Henry-Georges du Petit-Thouars fut fait maréchal-de-camp. En 1790, il fut bientôt obligé de quitter son poste de commandant. Il se retira, comme avait fait son père, dans sa terre du Petit-Thouars, où il ne tarda pas à être arrêté en 1792. Il fut conduit dans les prisons de Tours, et y mourut la veille du jour où il devait être conduit au tribunal révolutionnaire.

Plusieurs faits qui se rattachent à deux de ses enfans ne sont pas sans intérêt.

Son fils Yves Aubert du Petit-Thouars demeurait à Paris, section de Bondy, en l'an II de la république. En sortant, un matin, il vit affiché au coin de la rue du Temple un jugement du tribunal révolutionnaire. Il s'approche, et lit la condamnation à mort de son oncle et l'extrait des lettres qu'il lui avait écrites, et qui étaient un des prétextes de cet atroce jugement. Il rentre chez lui, fait part à sa femme de ce qu'il vient de voir. Leurs inquiétudes furent vives. Quelques jours après, ils reçurent la visite de deux commissaires de la section. — Que demandez-vous, citoyens? — Nous venons faire une perquisition dans tes papiers. — Elle fut faite : ils en emportèrent une partie, et emmenèrent du Petit-Thouars avec eux au milieu de quatre fusiliers.

Il fut jeté, pendant une demi-journée, dans le cachot de la section.

Enfin, l'heure de la réunion des membres du comité arrive; on va chercher du Petit-Thouars, et il comparaît devant l'aréopage révolutionnaire, composé d'environ quinze membres.

Un d'eux commence à feuilleter les papiers, et

arrive à une pièce à laquelle du Petit-Thouars dut son salut et sa liberté.

Cette pièce était la copie d'une lettre par laquelle le président du département de la Vendée se félicitait d'avoir été sauvé lui-même, lors de l'entrée de l'armée vendéenne à Fontenay. La lettre était écrite à Henri du Petit-Thouars, père de Madame de Grimouard de Saint-Laurent ; et commençait ainsi : *Trop heureux père, d'avoir une fille qui a sauvé la vie à des milliers de ses concitoyens !*

« Oui, dit un membre de la section, j'avais un « frère dans l'armée qui occupait Fontenay et les « environs, et qui dut sa vie à l'influence de Ma-« dame de Saint-Laurent sur les chefs vendéens. »

Quelques détails sur cette généreuse entremise de Madame de Saint-Laurent ne paraîtront peut-être pas hors de propos. Elle possédait à Fontenay une grande et belle maison ; MM. de Lescure et de Larochejaquelein l'occupèrent, non à titre de conquête, mais à cause de relations de famille. Tout était à craindre dans une ville qui venait d'être envahie ; chacun tremblait, et les autorités républicaines supplièrent Madame de Saint-Laurent d'intercéder pour elles.

Madame de Saint-Laurent n'eut pas de peine à obtenir d'un Lescure et d'un Larochejaquelein ce que conseillait la grandeur d'ame.

L'heureuse Vendéenne préparait ainsi, sans le savoir, la délivrance de son propre frère.

Les révolutionnaires de 1793 se souvenaient donc quelquefois qu'ils étaient hommes, et devenaient justes à la vue d'une noble vengeance, au point de voir un titre de salut dans des documens mêmes qui servaient de prétexte à la condamnation d'un autre membre de cette famille !

Notoriété publique.

M. Desmé, président du tribunal civil de Saumur, beau-frère de Henry-Georges du Petit-Thouars, était, à la même époque, révolution-nairement poursuivi : il fut arrêté, et jeté dans les cachots de cette ville où il mourut. Une des causes de son arrestation était son mariage avec Mademoiselle Séguier, dont le nom était alors classé parmi les aristocrates.

Ces faits sont notoires en Anjou et en Touraine, aussi bien que les principes d'honneur, de bonté et d'intégrité, que les deux beaux-frères n'ont jamais cessé de professer pendant plus de trente années qu'ils ont rempli leurs fonctions respectives dans ces deux provinces.

V.

La comtesse Suzanne DU PETIT-THOUARS.

SŒUR du lieutenant de roi, était chanoinesse du Notoriété publique. chapitre de Salles. Elle habitait un petit château voisin de celui du Petit-Thouars; elle y fut arrêtée et conduite dans les prisons de Tours avec son frère.

Elle dut peut-être sa délivrance à la réponse heureuse qu'elle fit à un représentant du peuple.

Eh bien! (lui dit avec ironie ce représentant) *que dites-vous, Madame la comtesse, de la mort de Louis XVI ? — Citoyen représentant, l'appel au peuple est défendu.*

Elle avait été dans la prison la providence des malheureux enfermés avec elle.

La comtesse du Petit-Thouars est décédée en 1823, à l'âge de quatre-vingts ans, dans son château de Saint-Germain-lès-Candes, où elle avait passé la dernière moitié de sa vie. Toujours la mère des pauvres et bienfaitrice de son église, elle a emporté, en mourant, les regrets de toute la paroisse; les habitans lui en donnèrent le témoignage le plus précieux en l'accompagnant tous jusqu'à sa dernière demeure.

Ici se place naturellement le récit du martyre d'une jeune personne, petite-nièce de la comtesse du Petit-Thouars.

Madame et Mademoiselle de CUISSARD, vendéennes, furent arrêtées à Ancenis, après les désastres de l'armée royale du Mans, et conduites à Nantes comme destinées au bateau noyeur, inventé par le trop fameux Carrier, représentant du peuple.

Frappé de la beauté de Mademoiselle de Cuissard, âgée de quinze ans, Carrier osa lui indiquer, pour sauver sa vie, un moyen pire que la mort.

« JE NE QUITTE PAS MA MÈRE, » répondit la victime.

Elles furent noyées toutes deux.

Lorsque Carrier fut mis en jugement, il avoua le fait et les circonstances avant de monter à l'échafaud.

Vers la même époque, le chevalier de Cuissard, leur fils et frère, fut tué à l'armée de Condé; et

MM. Deféez de Saint-Macaire frères, proches parens des du Petit-Thouars, périrent également,
l'aîné sur l'échafaud, à Lorient, et le chevalier dans
les rangs de l'armée de Condé.

VI.

Gilles AUBERT DU PETIT-THOUARS.

M. d'Hozier.　NAQUIT à Saumur, le 9 août 1727; il fit toutes les campagnes, capitaine dans le régiment de Rouergue, depuis 1742 jusqu'à l'époque de la bataille de Minden, où il fut blessé et laissé pour mort sur le champ de bataille; ce bruit fut tellement accrédité parmi ses parens, qu'ils en prirent le deuil. Cependant il ne mourut pas; il fut échangé, et revint à Saumur, au moment où on s'y attendait le moins, pour les consoler.

Il serait difficile de passer sous silence une anecdote assez piquante et digne d'intérêt, puisqu'elle concerne le père d'Aristide.

Tradition de famille.　Une famille considérable de cette ville projetait un mariage entre l'aîné de cette famille et une riche héritière du pays, Mademoiselle Gohin de Boumois, femme accomplie, et propriétaire du château de ce nom, situé sur les bords de la Loire, près Saumur, mais qui se refusait à ce mariage.

Aubert du Petit-Thouars sans fortune, mais doué

de tous les avantages de la nature, et surtout des qualités du cœur et de l'esprit, était lié avec la famille de l'aspirant, et fut chargé par elle d'essayer de persuader l'héritière.

Effectivement le jeune du Petit-Thouars fit bien consciencieusement tous ses efforts pour convaincre Mademoiselle de Boumois qui demeura inflexible. Il renouvela néanmoins ses instances; mais enfin, un beau jour, obsédée par tant de persévérance, elle laissa échapper cette réponse : « Eh! Monsieur, « quand on parle si bien pour les autres, pourquoi « ne pas parler pour soi ? »

Le vertueux du Petit-Thouars, bien convaincu qu'il perdrait son temps à prêcher pour les autres, éprouva peu de scrupules en acceptant pour lui-même. De ce moment, Mademoiselle de Boumois se retira au couvent jusqu'à sa majorité, pour n'en sortir que le jour de la célébration du mariage.

C'est de cette union que devaient naître Aristide et Aubert Aubert du Petit-Thouars, et Perpétue du Petit-Thouars, une des femmes les plus distinguées et les plus spirituelles de son temps, qui, en 1792, épousa le célèbre Bergasse.

VII.

Aristide DU PETIT-THOUARS.

ARISTIDE du Petit-Thouars, capitaine de vaisseau de la marine française, naquit en 1760, au château de Boumois, près Saumur. Envoyé à l'École militaire de la Flèche, la lecture de Robinson-Crusoé éveilla en lui le goût des courses maritimes. Il composa, dans le même genre, un roman dont il était le héros, et voulut réaliser son roman en s'échappant avec un de ses camarades pour aller s'embarquer à Nantes comme mousses. On courut après eux, et lorsqu'on les eut retrouvés, on allait les punir sévèrement, quand Dolomieu, qui se trouvait en garnison à la Flèche, et auquel le caractère de du Petit-Thouars avait plu singulièrement, obtint grace pour cette équipée. De la Flèche le jeune homme passa à l'École militaire de Paris. Là, il s'appliqua sérieusement à l'étude; car au collège de la Flèche, il ne s'était fait remarquer que par l'esprit et l'originalité piquante qu'il mettait dans ses espiègleries, genre de mérite que ses graves professeurs étaient loin d'apprécier. Après la réforme des Écoles militaires, opérée en 1776 par le comte de Saint-Germain, du Petit-Thouars, voyant que, vu l'état de stagnation où se trouvait la marine, il ne se faisait aucune nomination, entra dans le régiment de Poitou: mais à la nouvelle du troisième voyage de Cook, il s'offrit pour l'accompagner comme volontaire. On le retint; et bientôt après, la guerre avec l'Angleterre lui fournit, en 1778, la possibilité d'obtenir du ministre la permission d'aller à Rochefort, où, à la suite d'un examen qu'il subit avec distinction, il fut reçu garde-marine. Depuis il s'est trouvé au combat d'Ouessant, à la prise du Fort-Louis du Sénégal, au combat de la Grenade et à beaucoup d'autres affaires sur le vaisseau *le Fendant*, commandé par M. de Vaudreuil. Vers la fin de la guerre, il passa sur *la Couronne*, et à la paix on lui donna le commandement du *Tarleton*. Il était si bien identifié avec son bâtiment, si l'on peut parler ainsi; il l'avait si bien étudié, qu'à peine débarqué, il s'empressa d'adresser au ministre un mémoire où il lui démontrait que cette corvette était la plus convenable pour faire des découvertes, et qu'il était l'homme qu'il fallait pour la commander dans ce genre d'expéditions; ce qui annonce, au reste, la justesse de son coup d'œil, c'est que le bâtiment a depuis servi à l'amiral Truguet, pour reconnaître les côtes de la mer Noire. Pendant la paix, Du Petit-Thouars fut employé à des croisières, durant lesquelles il ne négligea aucune occasion de perfectionner ses connaissances. Il fit même, dans ce dessein, deux voyages en Angleterre : on disait alors que Lapérouse avait échoué sur une île déserte. Tout-à-coup du Petit-Thouars se représenta le sort affreux de cet officier et de ses compagnons d'infortune, et comme ses pensées étaient sans cesse tournées vers les courses lointaines et hasardeuses, aussitôt son imagination s'enflamma : il forma le projet d'aller à sa recherche, et publia un prospectus pour cette expédition, qui devait se terminer par la traite des pelleteries de la côte nord-ouest de l'Amérique septentrionale. Un de ses frères, officier au régiment de la couronne, aujourd'hui botaniste distingué, et l'un des collaborateurs de *la Biographie*, se réunit à lui. Les souscriptions n'ayant pas fourni des fonds suffisans pour subvenir aux frais de l'armement, les deux frères vendirent leur légitime afin d'y faire face. Louis XVI, ami de tous les projets qui avaient pour but le soulagement de l'humanité, avait souscrit à l'entreprise; mais la gravité des circonstances empêcha cet infortuné monarque de suivre le vœu de son cœur. Du Petit-Thouars, après bien des traverses, partit le 2 août 1792. Ce qui le contraria le plus fut la nécessité d'abandonner son frère, mis révolutionnairement en prison;

mais celui-ci, délivré plus heureusement qu'on ne pouvait l'espérer, put partir un mois après pour l'Ile de France, où les deux frères s'étaient donné rendez-vous; mais c'en était fait, ils ne devaient plus se revoir! Du Petit-Thouars, arrivé à l'île de Sel, l'une des îles du Cap Vert, y sauva des horreurs de la famine quarante Portugais qu'il transporta à l'île Saint-Nicolas. La disette se faisait aussi sentir à Saint-Nicolas : du Petit-Thouars, dont le caractère distinctif était la bonté, et qui de sa vie n'avait jamais rien su refuser aux malheureux, à tel point qu'il lui est arrivé quelquefois de s'imposer les plus dures privations pour les secourir, ne put résister au spectacle de désolation qui lui était offert; il donna presque tous ses vivres aux habitans, qui, à son départ, ayant à leur tête l'évêque du lieu, l'accompagnèrent sur le rivage, en exprimant par les bénédictions les plus sincères leur vive reconnaissance. Mais à peine est-il sur mer, qu'une maladie affreuse lui enlève en peu de jours le tiers de son équipage : alors il prend le parti de gagner l'île de Fernand-de-Norunha, qui était la terre la plus proche. Les Portugais, que ce qui se passait en France à cette époque rendait extrêmement défians, l'arrêtent malgré ses justes réclamations, et saisissent son bâtiment qui échoue en entrant à Fernambouc. Ainsi son expédition est empêchée sans retour. On le conduit, contre le droit des gens, prisonnier à Lis-

bonne; il y essuie une assez longue captivité (1).
A peine est-il relâché, qu'il part pour l'Amérique
septentrionale, après avoir distribué à son équipage
6,000 francs, que le gouvernement portugais lui
avait remis pour le produit de la vente des débris
de son navire. En Amérique, il eut quelque temps
le dessein de se fixer dans les États-Unis; cependant
son goût dominant pour les expéditions lointaines,
qui, avec de nouvelles découvertes, pouvait lui four-
nir de nouveaux sujets d'observation, ne l'abandon-
nait pas. Il essaya deux tentatives pour gagner par
terre la côte du nord-ouest. Il alla, de plus, avec
M. le duc de Larochefoucauld-Liancourt, visiter la
chute de Niagara. On peut voir le récit de cette
course intéressante dans la relation que M. de Lian-
court a publiée de son voyage en Amérique. Enfin,
une apparence de tranquillité le fit revenir en France.
Du Petit-Thouars avait été signalé, dès sa jeunesse,
par les amiraux et les capitaines sous lesquels il
avait servi, MM. le bailli de Suffren, de Guichen,
d'Albert de Rions, de Lamotte-Piquet, de Vaudreuil, etc., etc., comme un des officiers qui devaient
faire un jour le plus d'honneur à la marine française.

(1) Après de longues et pénibles démarches, la famille du Petit-
Thouars a obtenu en 1802, de la cour de Lisbonne, les sommes qu'elle
réclamait, en indemnité de la confiscation faite au Brésil, des bâtimens
dont il s'agit ici, et a distribué à chaque intéressé dans l'armement ce
qui lui revenait sur la somme reçue.

Ceux qui gouvernaient alors, apprenant son retour, crurent donc devoir lui proposer de rentrer au service; après quelques momens d'hésitation il accepta. Peu de temps après, on parla de l'expédition d'Égypte : du Petit-Thouars n'y fut pas oublié, et on lui donna le commandement du *Tonnant*, vieux vaisseau de 80 canons, sur lequel il eut le plaisir de posséder Dolomieu, son ami et le protecteur de son enfance. Parvenu au terme de sa destination, la flotte qui devait en repartir fut retenue dans la rade d'Aboukir par les ordres imprudens du général en chef. Bientôt (à la fin de juillet 1798) on signala la flotte anglaise, commandée par Nelson. Un conseil est convoqué à bord de l'Amiral. Du Petit-Thouars dit que l'on est perdu si l'on attend Nelson dans la position fausse où l'on est, et qu'il faut appareiller sans délai. Quelqu'un ayant improuvé avec aigreur cet avis salutaire. « Je ne sais ce que l'on fera, reprit du Petit-Thouars avec une indignation concentrée; mais on peut être sûr que, dès que je serai à bord, mon pavillon sera cloué au mât. » Il se battit avec intrépidité contre les vaisseaux ennemis déjà victorieux, et termina glorieusement sa trop courte carrière dans cette journée qui fut fatale à tant de braves (le 1ᵉʳ août 1798). Du Petit-Thouars réunissait les qualités les plus opposées : doué d'une extrême vivacité d'imagination, personne, au besoin, n'était plus patient et plus persévérant que lui ; plein d'ardeur et de moyens pour les entreprises qui pouvaient contribuer à la gloire ou à l'avantage de son pays, il devenait calme et résigné lorsque les évènemens ne répondaient pas à ses espérances, supportant l'infortune sans humeur, comme il aurait joui des succès sans amour-propre ; sincère pour lui-même jusqu'à l'imprudence, il ne pouvait pas, il ne savait pas, quelles que fussent les circonstances, se montrer différent de ce qu'il était ; réservé sur le compte des autres presque jusqu'à la dissimulation, il ne disait jamais ce qui pouvait leur nuire, plus habile qu'eux à excuser leurs torts ou à faire disparaître leurs fautes ; remarquable dans la société par une conversation pleine d'abandon, de naturel et de saillies, il cachait, sous les formes les plus faciles et quelquefois les plus gaies, un esprit sérieux et toujours observateur : mais cette habitude d'observer, qui ne nous rend que trop souvent chagrins et difficiles, ne lui avait inspiré qu'une plus grande indulgence. Comme Sterne, auquel d'ailleurs il ressemblait beaucoup par ses qualités morales et le caractère de son génie, il n'étudiait les hommes que pour chercher sous leurs défauts les vertus qui pouvaient s'y trouver, et se justifier ainsi à lui-même la bonne opinion que, malgré les erreurs et la corruption de son siècle, il s'était formée de ses semblables. S'il était l'apologiste de la nature humaine, on se doute bien cependant qu'il ne l'était pas des vices qui la dépravent, ou des crimes qui la déshonorent. On l'a vu plus d'une fois, au récit de quelque injustice ou de quelque oppression violente, exprimer en traits de feu la haine qu'il portait à toute espèce de tyrannie, et surtout à la tyrannie hypocrite, s'élevant avec une extrême rapidité de mouvement et d'idées jusqu'aux plus hauts tons de l'éloquence. Alors on s'apercevait que cet homme si simple et si bon avait une ame indépendante et libre; et que capable des affections les plus profondes, il l'était aussi des pensées les plus nobles et des conceptions les plus énergiques. Du Petit-Thouas a laissé quelques manuscrits presque tous incomplets. Si l'on faisait l'extrait de tout ce qui s'y trouve de remarquable, on pourrait donner au public un livre qui resterait, et l'on y trouverait sûrement de quoi justifier le portrait qu'on fait ici de leur auteur (1).

(1) Depuis, en 1821, son frère Aubert Aubert, membre de l'Institut, a recueilli la plupart de ses manuscrits et en a formé un gros volume intitulé : le capitaine Aristide Aubert du Petit-Thouars peint par lui-même, ou Recueil des Écrits qu'il a laissés, comme lettres, Mémoires et Relations de Voyage composant l'histoire de sa vie, jusqu'au moment qu'il s'est enseveli sous les débris du *Tonnant*, qu'il commandait au combat d'Aboukir ; précédées d'un Précis de la guerre que la France a soutenue contre l'Angleterre, de 1778 à 1783 ; appuyés de Notes biographiques sur les principaux personnages cités, et géographiques sur les lieux les plus remarquables ; auxquels sont joints des *fac simile*, des plans et des gravures. Paris, chez Dentu, libraire, au Palais-Royal.

Extrait de l'histoire de France, par Mougaillard.

« Aristide du Petit-Thouars se couvrit de gloire dans le combat; ayant une jambe emportée, et criblé de blessures, il fit jurer à son équipage de ne jamais se rendre. Ses dernières paroles furent : *Ne vous rendez pas...; clouez le pavillon...*

« Lorsque *le Tonnant* fut pris, il n'avait plus de munitions, et le premier pont était rasé. Le vaisseau était commandé par un aspirant que les Anglais portèrent en triomphe.

« Illustre du Petit-Thouars ! ton nom vivra à jamais dans le cœur français! Disons encore que, lorsque Nelson envoya deux vaisseaux pour réduire cette carcasse, le pavillon français flottait encore sur le pavillon du grand mât. »

Voici enfin ce que dit le *Guide pittoresque en France*, à son voyageur passant avec lui devant le château de Boumois : « Sa vieille architecture n'a « rien de bien remarquable, mais il a été le berceau « d'Aristide du Petit-Thouars, si distingué par son « esprit, ses talens et son courage; sous ce rapport « ce château doit être considéré comme un monu- « ment historique de l'arrondissement de Saumur. »

VIII.

Aubert Aubert DU PETIT-THOUARS,

CHEVALIER DE SAINT-LOUIS,

MEMBRE DE L'INSTITUT, MORT LE 12 MAI 1831.

Discours prononcé sur sa tombe par M. le baron Sylvestre, membre de l'Institut, et secrétaire perpétuel de la Société royale d'agriculture.

« MESSIEURS,

« Je viens au nom de l'Institut de France et de la Société royale et centrale d'Agriculture, exprimer le sentiment douloureux que leur fait éprouver la perte inattendue d'un confrère qui concourait avec tant de zèle et de talent à leurs utiles travaux.

« M. AUBERT-AUBERT DU PETIT-THOUARS a bien rempli une longue carrière : il a vécu soixante-quinze ans, et sa vie tout entière a été consacrée aux progrès des sciences naturelles et au soulagement de l'humanité souffrante.

« Né au château de Boumois, en Anjou, dans l'année 1756, et fils d'un militaire distingué, M. Du Petit-Thouars a fait avec succès et rapidité ses études au collége de la Flèche. Dès l'âge de seize ans, il est entré sous-lieutenant dans le régiment de la Couronne. Il avait déjà manifesté un goût très-prononcé pour l'étude de l'histoire naturelle, notamment de la botanique ; et ce goût, devenu une passion véritable, s'est conservé pendant toute sa vie, et lui a valu les plus beaux titres qu'il ait acquis à l'estime et à la reconnaissance publiques.

« M. Du Petit-Thouars avait un frère capitaine de vaisseau ; ils formèrent en 1792 le projet de faire un voyage de découvertes, et notamment d'aller à la recherche de La Pérouse ; ils vendirent à cet effet une grande partie de leurs propriétés, et partirent ensemble pour rejoindre à Brest le vaisseau qu'ils avaient équipé : mais Du Petit-Thouars ne pouvant se résoudre à traverser rapidement en voiture un pays qu'il ne connaissait pas, et qui offrait beaucoup d'objets d'histoire naturelle à son investigation, mit pied à terre et voulut continuer sa route en herborisant.

« Cependant la révolution était commencée : un homme inconnu, chargé d'une lourde boîte remplie de plantes et d'effets, et errant dans la campagne, devint suspect ; il fut arrêté et conduit à Quimper, où, après être resté long-temps en prison, il fut jugé

et acquitté par le jury révolutionnaire du pays.
Lorsqu'il arriva à Brest, son frère en était parti; il
tenta inutilement de le rejoindre à l'Ile-de-France:
là privé de ressources pécuniaires, il trouva les
secours de l'hospitalité chez plusieurs colons, qui
surent apprécier son caractère et ses talens, et il
resta pendant dix ans dans cette colonie, occupé
uniquement de culture et de botanique. Il y réunit
d'immenses matériaux sur l'histoire naturelle de
cette riche contrée. Il eut aussi l'occasion de passer
plusieurs mois à Madagascar, et ce séjour augmenta
ses connaissances et ses collections.

« Revenu en France en 1802, ses travaux, sa vaste
érudition ont été appréciés par les savans de la
capitale ; il a été reçu membre de l'Institnt, de la
Société royale et centrale d'Agriculture, des Sociétés
d'Histoire naturelle, Philomatique et d'Horticul-
ture; il enrichissait souvent les séances de ces di-
verses Sociétés par des mémoires ou par de savantes
discussions.

« Dès 1806, il avait été nommé directeur de la
pépinière royale du Roule, et pendant plus de vingt
ans il a dirigé avec habileté cet utile établissement
public vers le noble but que ses fondateurs lui avaient
assigné. La destruction récente de la pépinière du
Roule a causé à M. Du Petit-Thouars la plus violente
peine qu'il eût encore éprouvée. Il résista avec la
plus grande énergie; il développa dans plusieurs

écrits tous les avantages que cet établissement avait produits, tous ceux qu'on aurait pu en attendre encore ; il lui fallut çéder et concentrer un chagrin qui altéra sensiblement toutes ses forces physiques, et prépara la douloureuse catastrophe dont nous sommes aujourd'hui les tristes témoins.

« M. Du Petit-Thouars a publié plusieurs ouvrages importans : des *Mélanges de botanique* ; des *Dialogues sur l'histoire naturelle* ; un grand travail sur les Orchidées ; un *Essai sur la végétation*, considérée dans le développement des bourgeons, et l'histoire d'un morceau de bois. Il se proposait de publier aussi une histoire de végétaux recueillis dans les îles australes de l'Afrique, et l'on doit regretter qu'un travail, qui était le résultat de dix années de recherches d'un savant aussi laborieux et aussi habile, n'ait point encore enrichi les annales de la science. Il a publiquement professé plusieurs cours de botanique et de culture ; il a rédigé plusieurs biographies de botanistes et d'agronomes, dont les travaux utiles n'avaient pas encore été suffisamment appréciés.

« M. Du Petit-Thouars avait une mémoire prodigieuse et beaucoup d'érudition ; il se plaisait surtout à exécuter des travaux difficiles et qui exigeaient des recherches minutieuses et multipliées ; il mettait dans ces recherches une persistance qui le faisait triompher des difficultés. Sévère pour lui-

même, il était indulgent pour autrui ; la bienfai-
sance envers les indigens était sa plus douce et sa
plus secrète occupation. Hier encore, des lettres de
remercîmens de malheureux qu'il avait obligés lui
ont été envoyées, et ces actions de grace viennent,
après sa mort, répandre des bénédictions sur sa
tombe. D'autres écrits lui étaient également adres-
sés et sollicitaient une continuation de secours;
les mains de ces infortunés s'étendent encore vers
lui pour demander des bienfaits, et pour la première fois elles s'étendent en vain : Aubert du Petit-
Thouars a cessé d'exister ! »

Mais la *France pittoresque* en revendique le nom
pour la province d'Anjou, nom rendu célèbre, dit-
elle, par Aristide du Petit-Thouars, tué à Aboukir,
et par Aubert Du Petit-Thouars, membre de l'Institut et l'un de nos plus savans botanistes.

IX.

Joseph AUBERT DU PETIT-THOUARS,

DIT LE CHEVALIER DE FOIX.

M. d'Hozier.

Notoriété publique.

NAQUIT au château de Saumur, le 20 août 1732. Il commença à servir en France dès l'âge de treize ans, fit les campagnes de 1745 à 1749.

Il passa à cette époque à Saint-Domingue où il s'établit, continuant ses services dans les troupes de la colonie, dont il avait le commandement au quartier du Limbé. Lors de l'insurrection de Saint-Domingue, il y fut massacré, non par des nègres de son habitation, mais par ceux qui furent envoyés du Cap avec cette mission.

C'était le grand-père d'Abel du Petit-Thouars, dont la conduite dans la rade de Lima vient de faire tant d'honneur à la marine française.

X.

Georges DU PETIT-THOUARS,

Fils d'AUBERT DU PETIT-THOUARS DE FOIX.

La *Gazette de France*, après avoir répété l'évè-nement de la rade de Lima, ajoute :

Gazette de France du 12 fév. 1834.

« Les Européens de différentes nations ont adressé des félicitations au commandant français Abel Du Petit-Thouars sur sa belle conduite, et les journaux anglais ne tarissent pas sur la conduite de ce brave marin. Ils auraient pu se rappeler que, pendant la première révolution, M. Du Petit-Thouars (Georges) fut un moment au service de l'Angleterre ; et que, dans son premier voyage, il donna à coups de ca-nons une leçon un peu sévère à un officier anglais, naviguant en division de conserve et avec lui, et qui, après un dîner, s'était permis nne assez mauvaise plaisanterie qui pouvait passer pour nne agression. C'est à peu près le seul usage que Georges Du Petit-Thouars fit des canons anglais.

« Plus tard, les Anglais le retrouvèrent à Trafal-gar ; mais c'était sur la flotte française.

« Georges Du Petit-Thouars, capitaine de frégate, mort en mer le 16 septembre 1816, sur la frégate *la Flore* qu'il commandait. Sa destination était de conduire les commissaires du roi à Saint-Domingue. »

XI.

Armand-Georges Aubert DU PETIT-THOUARS,

PETIT-FILS ET NEVEU DES PRÉCÉDENS.

Armand Georges Du Petit-Thouars, lieutenant de vaisseau, commandait le brick *la Liamone* à Cadix où il est mort le 15 septembre 1828 : il s'est noyé en se rendant à bord de son brick, son embarcation ayant chaviré.

Note prise au ministère de la marine.

XII.

Abel DU PETIT-THOUARS,

AUSSI PETIT-FILS ET NEVEU DES PRÉCÉDENS.

Le National.   *Le National* est le premier des journaux de la capitale qui ait rapporté, à la date du 27 novembre 1833, ce qui s'est passé dans la rade de Lima, d'après la correspondance d'une maison de commerce de Rouen, insérée dans *l'Écho* de Rouen (disent les rédacteurs), *comme une preuve de la fermeté avec laquelle un officier de notre marine, M. Du Petit-Thouars, a soutenu l'intérêt du commerce français et la dignité nationale.*

Suit le résumé des faits que nous ne transcrivons pas pour éviter les répétitions, les mêmes faits étant rapportés par un autre journal avec beaucoup plus de détails. Ce second récit est venu par la voie de Bordeaux, et le journal des *Débats* du 29 janvier le reproduit en ces termes :

Les Débats.   « Nous avons annoncé dans le temps qu'un navire de commerce français avait été saisi à Lima par le gouvernement péruvien, sous des prétextes illégaux, et qu'il avait dû sa délivrance à l'heureuse apparition du brick de guerre français *le Griffon*, ainsi qu'à *la fermeté de M. du Petit-Thouars*, commandant de ce bâtiment. »

La lettre suivante, parvenue à une des principales maisons de commerce de Bordeaux, donne le récit détaillé de cet évènement, et contient des particularités curieuses qu'on ne lira pas sans intérêt :

Lima, 26 août 1833.

« Avant d'entrer dans les détails, je crois utile de prévenir que les républiques du Nouveau-Monde ne sont pas établies d'après les principes de Montesquieu, qui donne la vertu pour base à cette espèce de gouvernement ; et sous ce rapport le Pérou mérite une mention spéciale. Sans énergie pour faire la révolution, ses voisins la lui imposèrent ; les services rendus à la cause de l'indépendance le furent par des étrangers ; et lorsque le pays, livré à lui-même, songea à se donner un chef, il ne se trouva en scène que d'obcures médiocrités, que l'intrigue et la perfidie élevèrent au pouvoir.

« Portés d'un seul bond de leur position subalterne au faîte de la grandeur, ces hommes y sont arrivés avec toutes les vicieuses habitudes de leur vie privée ; sans scrupule dans leurs moyens et tourmentés de la haine des étrangers, ils regardent comme une conquête ce qu'ils peuvent légalement

ou arbitrairement leur arracher; enfin, en de pa-
reilles mains, le Pérou n'est point une société ré-
gulièrement organisée, mais une peuplade pour qui
les lois et la morale sont de vains mots, et où les
étrangers ne peuvent espérer de justice qu'à l'aide
de la protection armée de leurs gouvernemens.

«Le brick français *La Petite-Louise* fut dénoncé
le 12 juillet, la veille de son départ, au capitaine
du port du Callao, par un matelot danois de son
équipage, pour avoir embarqué en contrebande des
lingots d'argent sur la côte. Cet officier, muni d'un
ordre supérieur du ministre des finances, se rendit
à bord afin de procéder à la recherche et à la saisie
des matières dénoncées.

« Sans en dresser inventaire, il fit transporter le
tout à son domicile, et, comptant sur l'appui de
son gouvernement, il annonça hautement la préten-
tion de faire condamner, au mépris des lois, le navire et le chargement, s'élevant à plus de 600,000 f.,
si on ne lui payait 20,000 piastres (100,000 f.) à
titre d'indemnité.

« M. le chargé d'affaires, justement alarmé de ces
poursuites illégales, s'adressa avec énergie au gouvernement péruvien; mais le ministre des finances,
aguerri par l'expérience du passé, et surtout par ce
qui arriva à *l'Hidalgo*, à bord duquel 35,000 piastres, propriété anglaise, furent scandaleusement
enlevées, sans que le départ violent du consul de

cette nation ait eu jusqu'à ce jour d'autre résultat que de multiplier les notes diplomatiques, savait parfaitement à quoi s'en tenir sur les protestations, et répondit à chaque réclamation de notre chargé d'affaires : « Protestez, vous ferez votre devoir. »

« Le timon, les voiles du navire furent enlevés, l'usage de son pavillon lui fut interdit, l'équipage mis en prison, une garnison péruvienne placée à bord, et le capitaine, escorté d'un officier, conduit au corps-de-garde du Palais, où on le retint jusqu'à ce que M. le vice-consul allât le réclamer. Tout cela se passait sans intervention de l'autorité judiciaire, et à chaque nouvelle illégalité, le ministre répondait à M. le chargé d'affaires : « Protestez, vous ferez votre devoir. »

« Chacun de nous prévoyait l'issue fatale de ce procès, lorsque *le Griffon*, commandé par M. du Petit-Thouars, arriva sur la rade de Callao. Ce beau nom de notre marine nous rendit à tous l'espérance. En effet, M. le commandant, instruit par M. le chargé d'affaires de la direction illégale et inattendue des poursuites, se place à portée de pistolet de *la Petite-Louise*; il se rend chez le commandant général de la marine, s'informe des motifs de l'arrestation de l'équipage, et le fait relâcher. Sur ses observations, le pavillon français est de nouveau arboré à bord du brick saisi, et le capitaine du port s'aperçoit enfin que sa proie va lui échapper : il n'y renonce point cependant.

« Le juge à qui l'affaire est soumise ordonne la reconnaissance du chargement ; nanti de cet acte, il se rend dans la matinée du 24 auprès de la *Petite-Louise*, afin de la déplacer et la conduire dans l'intérieur du port. Le commandant du Petit-Thouars envoya de son côté un canot pour veiller à la sûreté du brick français.

« Le capitaine du port ne comptait pas sans doute sur cet incident ; il en est furieux, et dans l'espoir d'écarter ce surveillant incommode, il fait à son gouvernement un rapport mensonger : il se plaint faussement de ce que garnison française a été mise à bord de *la Petite-Louise ;* de ce que son capitaine et contre-maître ont été enlevés et conduits à bord du *Griffon*, enfin de ce que le commandant français s'oppsose à l'action de la justice.

« Il était facile au gouvernement péruvien de dévoiler l'imposture, elle était évidente ; tout le Callao en était témoin ; des éclaircissemens demandés en eussent donné la preuve : mais le gouvernement péruvien ne veut point connaître la vérité ; le mensonge lui est nécessaire, il n'espère rien des voies légales, il convoite l'argent, les résistances l'irritent et le réduisent à employer des moyens extrêmes, il veut avoir entre les mains un titre pour les excuser.

« A neuf heures du soir environ, une dépêche du

gouvernement, au commandant général de marine, intime à M. du Petit-Thouars l'ordre d'appareiller sur-le-champ, et menace en cas de refus de l'y contraindre. Aussitôt toute l'artillerie des forts du Callao, déjà pointée sur *le Griffon*, paraît s'animer du bruit des canonniers que l'on dispose au combat; à bord du brick et de la corvette de guerre péruviens un branle-bas général annonce de prochaines hostilités. A la faveur de ce tumulte et de l'obscurité de la nuit, le capitaine du port tente un nouveau coup de main : il se rend auprès de *la Petite-Louise* avec une soixantaine d'hommes armés, embarqués dans deux péniches; mais il n'a pas échappé à l'active vigilance du commandant du Petit-Thouars; et un canot armé vint mettre obstacle aux violences du dénonciateur.

« Une seconde intimation suit de près cette nouvelle résistance : je ne vous dirai point quelle a été la réponse de M. du Petit-Thouars à ces insultantes menaces. Son nom dit assez que l'honneur du pavillon n'avait aucun risque à courir : il se prépare à repousser la force par la force, et à placer hors d'atteintes des violences du gouvernement péruvien les propriétés françaises confiées à sa protection.

« Pendant cet intervalle, le commandant-général de marine, calculant sans doute que la lutte ne sera pas sans danger pour les deux bâtimens de guerre péruviens, et que la contenance et les préparatifs du *Griffon* annoncent une vigoureuse défense, demande de nouveaux ordres, et l'enthousiasme guerrier des Péruviens s'évanouit au grand jour.

« Les soldats embarqués la veille au soir dans les péniches du capitaine du port avaient été logés à bord de *la Petite-Louise* ; et, sous leur protection, de nouvelles démonstrations sont faites le 25 à huit heures du matin pour l'enlever ; on se prépare déjà à lever l'ancre ; le commandant du Petit-Thouars envoie de suite un canot armé de huit hommes, avec ordre de couper l'orin si on persiste à la lever. L'embarcation arrive sur l'arrière de *la Petite-Louise* ; l'officier péruvien ordonne à ses quarante soldats de coucher en joue ; leur mort paraît inévitable ; rien cependant ne les arrête ; un canonnier applique son pistolet sur la poitrine d'un Péruvien qui tient la bouée, la lui fait lâcher, et le canot retourne à bord du *Griffon*, après avoir vaillamment exécuté les ordres de son commandant.

« Le général de marine péruvien, convaincu par toutes ces inutiles tentatives des tristes et dangereux résultats de la violence, fait alors connaître à M. du Petit-Thouars qu'un jugement ordonne la reconnaissance de la cargaison, et engage devant témoins sa parole d'honneur que rien n'en sera distrait.

« A ces conditions, le commandant du *Griffon* permet le déplacement du navire. Les piastres sont livrées à leurs propriétaires et livrées à son bord, et défense est faite au capitaine du port de Callao de s'immiscer en rien de ce qui a trait au procès de *la Petite-Louise,* dès ce moment livrée à la connaissance exclusive des tribunaux.

« En première instance, le navire et le chargement ont été libérés ; mais pour nous qui connaissons le gouvernement péruvien, ses habitudes et ses besoins ; qui savons l'histoire des saisies d'argent et l'issue des réclamations inutilement suivies par les agens diplomatiques, il est évident que si M. du Petit-Thouars n'arrive point sur la rade du Callao, et ne prend pas avec autant de chaleur la défense des intérêts français, *la Petite-Louise,* malgré les protestations de M. le chargé d'affaires, est conduite dans l'intérieur du port ; les 60,000 piastres sont enlevées, déposées dans les caisses de l'État, dépensées le lendemain et perdues pour les propriétaires, à qui une expédition coûteuse aurait sans doute fait rendre justice, mais incomplète et tardive.

« Les commodores anglais et américains furent à bord du *Griffon* complimenter M. du Petit-Thouars sur son honorable conduite, le féliciter d'avoir su concilier aussi bien la prudence avec la fermeté ; et le second ajouta à ces félicitations personnelles une sérénade que la musique de *la Falmouth* vint donner à nos braves marins.

« Chacun de nous, comme bien vous devez le

croire, a été pénétré de la plus vive reconnaissance pour une aussi chaude et cordiale protection; et désirant la témoigner, nous avons adressé, par l'entremise de M. le chargé d'affaires, une lettre qui renferme la véritable expression de nos sentimens pour le digne commandant du *Griffon*.

« Une division de trois ou quatre bâtimens de guerre constamment occupés à parcourir les ports de l'Océan - Pacifique, depuis Valparaiso jusqu'à Guyaquil, est indispensable au bien-être du commerce français dans ces parages. »

La chambre de commerce de Bordeaux a voté une épée d'honneur à Abel du Petit-Thouars.

La délibération a été envoyée, en son absence, à l'un de ses plus proches parens.

Voici d'abord la lettre d'envoi :

LE PRÉSIDENT DE LA CHAMBRE DE COMMERCE DE BORDEAUX

A M. AUBERT DU PETIT-THOUARS.

Monsieur,

« Lorsque la chambre de commerce de Bordeaux a délibéré d'offrir une épée d'honneur au capitaine du Petit-Thouars, elle n'a fait qu'accomplir le vœu des négocians de Bordeaux, en exprimant ainsi à ce brave officier la reconnaissance que méritent les

services qu'il a rendus à notre commerce par sa
belle conduite dans la rade de Callao.

« J'ai l'honneur de vous adresser copie de la délibération de la chambre de commerce de Bordeaux.

« *Signé*, BAOUR. »

CHAMBRE DE COMMERCE DE BORDEAUX.

Extrait du registre des délibérations de la chambre de commerce,
du 15 février 1834.

« Il est donné lecture d'une lettre de MM. Balguerie et compagnie, du 10 février, relative à la conduite courageuse qu'a tenue le capitaine du Petit-
Thouars, commandant le brick de l'État *le Griffon*,
dans le port de Callao. MM. Balguerie proposent
à la chambre de décerner à ce capitaine, au nom
du commerce de Bordeaux, une épée d'honneur,
comme témoignage de sa reconnaisance pour l'é-
nergie et la bravoure avec laquelle il a su faire respecter le pavillon français, et empêcher l'enlèvement
du navire *la Petite-Louise* et des valeurs considé-
rables qu'il avait à bord. Ces Messieurs engagent
la chambre à vouloir bien faire ouvrir une souscription à cet effet, à laquelle ils s'empressent de
concourir. La chambre, approuvant la mesure sol-
licitée par MM. Balguerie et compagnie, décide

qu'une souscription, ouverte par le commerce de Bordeaux, à l'effet d'offrir une épée d'honneur à M. le capitaine de vaisseau français du Petit-Thouars, sera déposée au secrétariat, en tête de laquelle le secrétaire souscrira au nom de la chambre.

« Pour extrait conforme : le secrétaire de la chambre de commerce,

« *Signé*, A. VERDIÉ. »

Dernièrement (séance du 20 février 1834) le ministre de la marine n'a pas trouvé de plus puissant moyen pour appuyer son budget que de dire, à la tribune de la chambre des députés, ce qui suit :

« Qu'il me soit permis de rappeler que naguère
« encore un officier de marine a rendu dans l'Océan
« Atlantique un service signalé. Par sa conduite
« ferme et par la position qu'il a su prendre, il a fait
« respecter l'honneur du nom français, obtenu la
« réparation d'une insulte faite à notre gouverne-
« ment; et vous voudriez que, parce que nous
« sommes en temps de paix, le roi ne pût pas récom-
« penser un tel officier? Je ne comprends pas, et la

« chambre, je crois, ne le comprendra pas mieux que
« moi. » (*Bravo!*)

———

Il est de notoriété que lorsqu'il fut question de
l'expédition d'Alger, Abel du Petit-Thouars fut
consulté par le gouvernement, à cause de la connaissance parfaite qu'il avait de ces parages. Ne
pouvant à cet égard citer rien de textuel, on se bor-
nera ici à donner l'extrait d'une lettre du marquis
de B***, ami intime du baron d'Haussez, ancien
ministre de la marine.

« Je n'ai pas été en position de connaître autre-
« ment la part si honorable que M. Abel du Petit-
« Thouars a prise à l'expédition d'Alger que par la
« manière pleine d'éloges dont j'en ai entendu parler
« à M. d'Haussez, qui m'a dit plusieurs fois que c'é-
« tait d'après les renseignemens aussi utiles que dé-
« terminans qu'il avait eus de M. du Petit-Thouars,
« qu'on s'était décidé à tenter cette mémorable en-
« treprise. »

Ainsi l'on peut dire avec vérité qu'Abel du Petit-

Thouars a été aussi utile à son pays dans le conseil, qu'au champ d'honneur.

———

En terminant ces notices, il est bien permis à celui qui les a recueillies plutôt que rédigées, de dire un mot sur le motif de cette publication qui , bien que destinée seulement à la famille du Petit-Thouars et à ses amis, pourra néanmoins tomber encore dans d'autres mains.

Porteur lui-même de ce nom, dont l'honneur lui est plus cher encore que les liens du sang, il a pensé que tout citoyen doit, ainsi que tous les siens, un hommage particulier aux vertus et aux exemples qu'ils ont vus de plus près ou dont le souvenir leur est en quelque sorte légué, et doit être transmis à leurs descendans.

C'est aussi à ce titre et en qualité de plus proche parent, qu'il croit devoir dire encore quelques mots sur Abel du Petit-Thouars de Lima, aussi excellent fils que brave marin et que bon citoyen.

La branche de la famille à laquelle il appartenait, et dont son père, massacré sur son habitation, était le chef, est restée sans aucune fortune depuis la perte de Saint-Domingue, et par conséquent sa mère est à peu près sans moyens d'existence. Ses fils la soutenaient sur leurs appointemens, ressource diminuée de moitié depuis que son second fils Armand s'est noyé dans la rade de Cadix ; mais Abel a doublé sur ses appointemens la portion réservée par la piété filiale.